# CONSEILS PRATIQUES

SUR

## LES BREVETS D'INVENTION
## LES MARQUES DE FABRIQUE
## LES DESSINS ET MODÈLES D'INDUSTRIELS

*Texte complet de la loi sur les Brevets d'Invention*

Georges FAUGÉ
INGÉNIEUR-CONSEIL
Brevets d'Invention, Marques de Fabrique, Modèles, Procès, Copies, etc.
118, Boulevard Voltaire, 118
TEL. : 919-93
PARIS

# CONSEILS PRATIQUES

SUR

## LES BREVETS D'INVENTION

## LES MARQUES DE FABRIQUE

## LES DESSINS ET MODÈLES D'INDUSTRIELS

*Texte complet de la Loi sur les Brevets d'Invention*

**Georges FAUGÉ**

INGÉNIEUR-CONSEIL

Brevets d'Invention, Marques de Fabrique, Modèles, Procès, Copies, etc.

118, Boulevard Voltaire, 118

TÉL. : 919-93

PARIS

M.

Je vous remets ci-contre le Texte complet de la Loi sur les Brevets d'Invention en France, ainsi que quelques Conseils pratiques pour la sauvegarde de vos droits en tout ce qui concerne la Propriété Industrielle : Brevets, Marques, Dessins ou Modèles de Fabrique.

Vous trouverez également indiqués les divers services de mon Cabinet et mes prix très modérés pour tous ces travaux divers.

Malgré leur modicité, je puis vous garantir un travail sérieux, soigné et bien surveillé. Mon Cabinet, fondé en 1867, est un des plus anciens de Paris et, mes Références m'autorisent à le dire, un des plus honorablement connus parmi ceux existants.

Ayant une longue expérience du travail si particulier et si délicat des Brevets d'Invention : Etude et établissement des pièces, Dépôt des Brevets et Marques en tous Pays, Défense de ces Brevets devant les Administrations Etrangères, Recherches et Avis, Etude et Conduite des Procès en Contrefaçon, etc., vous pouvez être certain de trouver dans mon Cabinet la compétence absolument nécessaire pour traiter ces diverses questions.

Je suis à votre disposition pour vous éclairer et vous guider pour l'acquisition et la sauvegarde de vos droits, qu'il s'agisse de Brevets, de Marques ou de Dessins ou Modèles de fabrique, et vous prie d'agréer, M , mes empressées civilités.

**Georges FAUGÉ,**

*Ingénieur-Conseil*

118, boulevard Voltaire (Tél. : Roquette 10-93)

PARIS

# ÉTUDE ET DÉPOT

## des Brevets d'Invention en France

---

Pour obtenir un Brevet d'Invention en France, il suffit de nous adresser :

Une description claire, complète et détaillée de l'objet de l'Invention, en faisant bien ressortir les points qui paraissent nouveaux.

Un dessin (s'il y a lieu) à très petite échelle, avec chiffres de référence à la description.

Un pouvoir qui sera envoyé sur demande.

Les nom, prénoms, domicile exact et nationalité du Demandeur.

Le montant de la taxe et des frais.

Si l'on ne peut fournir de dessins ou de photographies, et que l'appareil soit peu volumineux, il est toujours préférable de nous l'envoyer.

Si la chose est impossible, nous pouvons envoyer un Dessinateur sur les lieux (Voyage et frais de séjour aux frais du Demandeur).

Le prix pour le dépôt et la préparation des pièces (Descriptions et Dessins en double et au format exigés, requête, pouvoir, etc., y compris la taxe de première année, les timbres et tous frais) est de : Fr. 150, si le brevet ne comporte qu'une description ou une courte description (environ 1.500 mots) et un petit dessin.

### Certificats d'addition

Tout possesseur d'un Brevet peut demander à tout moment et pendant toute la durée du Brevet, des Additions pour des perfectionnements ou changements apportés à l'objet du brevet. Il est de toute nécessité que le changement ou perfectionnement se rapporte bien à l'objet même du brevet.

Les pièces à fournir sont les mêmes que pour le Brevet.

Les frais sont de : Fr. 70, y compris la taxe de dépôt.

Les Certificats d'Addition ne sont assujettis à aucune Annuité et tombent avec le Brevet, quelle que soit la date de leur dépôt.

## Annuités

Pour maintenir le brevet en vigueur, le Breveté doit payer chaque année à la date anniversaire du dépôt de son Brevet une taxe ou annuité de : Fr. 100.

Nous nous chargeons d'effectuer le paiement de ces annuités, il suffit pour cela de nous faire parvenir la somme de 110 francs, comprenant la taxe, plus les frais de timbres, etc., et commission.

Pour les brevets déposés par notre intermédiaire, nous prévenons gratuitement nos clients un mois avant l'échéance.

Un délai de trois mois est accordé pour le paiement des annuités, mais avec amendes de 5 francs pour le premier mois de retard, 10 pour le second et 15 pour le troisième mois. Passé ce délai, le brevet tombe irrévocablement dans le domaine public, et rien ne peut l'en relever.

### SITUATION DES ANNUITÉS D'UN BREVET

Il est parfois fort intéressant de connaître exactement la situation de paiement des annuités de tel ou tel brevet.

Nous fournissons ce renseignement pour le prix de : Fr. 5 pour un brevet.

Pour plusieurs situations demandées à la fois, le prix est très réduit.

## Copie des brevets

Nous pouvons fournir copie de tout Brevet ou Certificat d'Addition pris en France depuis 1902, au prix de 1 fr. 50 par copie.

Pour les brevets pris antérieurement à 1902 (lesquels ne

sont pas imprimés), nous pouvons également en fournir des copies manuscrites, mais alors le prix en est plus élevé et variable avec chaque Brevet, selon la longueur du travail à effectuer.

Moyennant le dépôt d'une provision, variable selon les Classes et les Industries, nous adressons aux Industriels qui le désirent les brevets les intéressant au fur et à mesure de leur publication. En ce cas, le prix n'est plus que de 1 fr. 40 par brevet.

## Copie des Brevets étrangers

Nous pouvons fournir copie de tous brevets étrangers aux prix suivants (en nous indiquant le nom et la date approximative) :

*Angleterre.* — Copie en Anglais, Fr. : 2.

*Allemagne.* — Copie en Allemand, Fr. : 2.75.

*Autriche.* — Copie en Allemand, Fr. : 3.

*Suisse.* — Copie en Allemand ou Français (selon le Déposant), Fr. : 3.

*Etats-Unis.* — Copie en Anglais, Fr. : 2.50.

Pour les autres pays, nous indiquerons les prix sur demande.

## Recherches d'antériorités

Soit que l'on désire savoir si l'Invention qu'on vient de faire est ou non nouvelle, soit qu'on désire savoir si tel ou tel brevet est ou non nouveau et valable, soit qu'on soit poursuivi en contrefaçon, etc., il est très utile de faire rechercher dans les brevets français, anglais, etc., antérieurs, si l'objet de l'Invention brevetée ou à breveter n'existe pas déjà.

C'est là un travail très sérieux, très délicat et que bien peu d'Agences peuvent mener à bien. Nous nous sommes fait une spécialité de ce genre délicat de travail.

Mais ici il est impossible de fixer un prix général, les prix varient selon l'Invention, selon l'Industrie, selon le nombre d'années pendant lesquelles les recherches doivent être effectuées, etc.

C'est un peu une question de confiance, et nous indiquons le prix approximatif, dès que l'on nous indique l'objet de la recherche ou le Brevet à discuter, etc.

## Dépôt de Brevets à l'étranger

Tous les Inventeurs ont intérêt à déposer leurs Brevets à l'Etranger, au moins dans les principaux pays industriels : Belgique, Allemagne, Angleterre, Etats-Unis, etc.

Ils ont surtout intérêt à déposer leurs brevets *dès le début* dans les pays à examen préalable, comme l'Allemagne et l'Angleterre, car en très peu de temps ils sont fixés sur la nouveauté de leur Invention et savent exactement sur quels points particuliers ils peuvent faire porter leurs revendications. Mais pour produire un effet utile, ces brevets doivent être demandés *en même temps que le brevet français,* ou tout au moins avant sa publication officielle, de façon, soit à s'éviter des frais inutiles dans les autres pays, si l'Invention est déjà connue, soit à leur permettre de déposer avant toute publicité leur brevet dans les autres pays, si l'Invention est nouvelle.

Nous ne pouvons entrer ici dans le détail des législations étrangères, nous fournirons sur ces points spéciaux tous renseignements à ceux de nos Clients qui voudront bien nous les demander.

Voici le prix moyen pour une demande de brevet dans les principaux pays industriels :

| | | |
|---|---|---|
| *Allemagne* (Brevet de Modèle d'utilité) frais pour 3 ans. . . . . . . . . . . . . . . . . . | Fr. : | 125 |
| *Allemagne* (15 ans) frais pour 1 an . . . . . . | » | 240 |
| *Angleterre* (Colonies non comprises) frais pour 4 ans. . . . . . . . . . . . . . . . . . . | » | 350 |
| *Autriche* (15 ans) frais pour 1 an . . . . . . . | » | 250 |
| *Belgique* (20 ans) frais pour 1 an . . . . . . . | » | 70 |
| *Brésil* (15 ans) frais pour un an. . . . . . . . | » | 800 |
| *Canada* (18 ans) frais pour 6 ans . . . . . . . | » | 550 |
| *Danemark* (15 ans) frais pour 1 an . . . . . . | » | 250 |
| *Espagne* (15 ans) frais pour 1 an). . . . . . . | » | 250 |
| *Etats-Unis* (tous frais pour 17 ans) . . . . . . | » | 600 |
| *Hollande* (15 ans) frais pour 1 an. . . . . . . | » | 300 |
| *Hongrie* (15 ans) frais pour 1 an. . . . . . . . | » | 250 |
| *Italie* (15 ans) frais pour 1 an. . . . . . . . . | » | 230 |
| *Japon* (15 ans) frais pour 3 ans. . . . . . . . | » | 750 |
| *Luxembourg* (15 ans) frais pour 1 an . . . . . | » | 100 |

| | | |
|---|---|---|
| *Norvège* (15 ans) frais pour 1 an. . . . . . . . | Fr. : | 250 |
| *Portugal* (15 ans) frais pour 1 an . . . . . . . | » | 280 |
| *Russie* (15 ans) frais pour 1 an . . . . . . . . | » | 425 |
| *Roumanie* (15 ans) frais pour un an . . . . . . | » | 490 |
| *Suède* (15 ans) frais pour un an. . . . . . . . | » | 250 |
| *Suisse* (15 ans) frais pour 1 an . . . . . . . . | » | 180 |
| *Tunisie* (15 ans) frais pour 1 an. . . . . . . . | » | 190 |
| *Turquie* (15 ans) frais pour 1 an . . . . . . . | » | 475 |
| *Egypte* (15 ans) pour toute la durée. . . . . . | » | 450 |
| *Indes Anglaises* (14 ans) frais pour 4 ans. . . . | » | 475 |
| *Australie* (14 ans). . . . . . . . . . . . . . | » | 525 |

Pour les autres pays nous indiquons les prix sur demande. Ces prix (au contraire de beaucoup de tarifs) ne comportent aucune surprise; dans les pays à examen préalable, nous supportons les frais du premier examen; s'il y a lieu à des discussions ultérieures, ces frais sont facturés au plus juste. Si la description dépasse 1.500 mots, nous sommes forcés de compter des frais supplémentaires de traduction, s'il y a plusieurs dessins, également quelques petits frais.

En cas de retrait ou de refus des Brevets, les taxes restent acquises à l'Office.

## Procès en contrefaçon

Nous nous chargeons entièrement de la conduite des procès en contrefaçon soit de Brevets, soit de Marques, soit de Modèles. Le Poursuivant ou le Poursuivi n'ont aucun dérangement, nous étudions l'affaire, opérons les saisies utiles, faisons les recherches nécessaires, nous entendons avec les Avoués et Avocats, préparons l'attaque ou la défense avec ces Messieurs, et les assistons devant les Tribunaux, etc.

Nous avons eu l'honneur de conduire ainsi les plus importants procès : Procès des Tubes sans soudure MANNESMANN, Procès des Bougies MACQUAIRE, Procès des Machines à Bouteilles Sévcrin-Tourres, des Boutons à pression, des Socles de Pied-Selle, etc.

Il est impossible de fixer un prix pour ce genre d'affaires, cela varie avec le lieu du procès, le nom de l'Avocat choisi, les recherches à effectuer, etc., etc.

## Consultations techniques et légales sur la valeur des Brevets d'Inventions, des Dépôts de Modèles, etc.

On nous demande souvent des Consultations sur la valeur de tel ou tel Brevet, de telle ou telle Marque, de tel ou tel Modèle. Ces avis sont fort utiles avant d'entreprendre : une formation de Société, l'achat d'un Brevet, d'une Marque, d'un Modèle, etc., ou d'une Licence d'un de ces privilèges.

Il est ainsi plus facile de discuter les conditions du Vendeur ou même de les rejeter.

Nous ne pouvons indiquer ici le prix de ces travaux, qui varie naturellement avec chaque objet. Nous l'indiquerons approximativement lorsqu'on voudra bien nous indiquer d'une façon précise la nature du travail à effectuer.

Nous pouvons, en de certains cas, faire contresigner ces Avis par les Avocats les plus en renom de la Propriété Industrielle.

## Ventes de Brevets

Lorsque le Brevet a été pris par notre intermédiaire, et que l'Invention est réalisée, nous nous chargeons de la négociation des Brevets en France et à l'Étranger, soit : vente totale, soit cession de Licences d'Exploitation. Nous demandons en général 10 pour 100 des sommes versées.

Nos relations suivies avec les plus grandes Industries de France et de l'Étranger : Verreries, Glaceries, Aciéries, Constructeurs, Tissage, Fabriques de Produits Chimiques, etc., nous facilitent grandement ces négociations.

Bien se méfier des Agences (! !) (la plupart étrangères) qui s'occupent de Négociations de Brevets, de Constitutions de Sociétés, etc., et surtout ne jamais rien verser d'avance !!

## Rédaction de Contrats de Cession, de Licences, etc.

Nous nous occupons de la rédaction de ces Contrats de façon à éviter, autant que possible, les fausses interprétations, et les ennuis et contestations ultérieures.

## QUELQUES CONSEILS GÉNÉRAUX AUX INVENTEURS

La première condition essentielle de validité d'un Brevet est la nouveauté ; donc l'inventeur doit se garder de toute publicité, de toute exposition, de toute vente avant le dépôt de son Brevet. S'il a besoin de mettre dans le secret de son Invention des tiers quelconques : fondeurs, mécaniciens, etc., il doit, autant que possible, se garantir par un brevet avant de faire aucune divulgation. Il vaut mieux, pour lui, recourir par la suite au dépôt de Certificats d'Addition qui compléteront son Invention, que de courir le risque de la perdre en entier par sa publication avant garantie.

Des essais plus ou moins secrets, mais peu répétés, peuvent être faits, mais il faut autant que possible qu'ils soient exécutés par l'inventeur lui-même et sans aucune publicité.

La durée des Brevets est fixée par la Loi à 5, 10 ou 15 ans ; il est bien inutile de se limiter dès le début à une durée de 5 ou 10 ans, ce délai n'étant pas prolongeable, et mieux vaut demander toujours et de suite la plus longue durée, soit 15 ans, puisqu'il est toujours loisible d'abandonner le dit brevet au bout de 1, 5 ou 10 ans, si sa valeur est nulle ou diminuée, en ne payant pas les annuités.

La durée du brevet court du jour du dépôt, donc inutile d'attendre, en France, l'expédition ou la délivrance du titre, on peut de suite fabriquer, vendre et marquer ses articles : « Breveté s. g. d. g. ». Le brevet ne peut être refusé que si les pièces sont incomplètes ou non complétées dans les délais donnés ou si l'objet de l'Invention a trait à des compositions pharmaceutiques ou remèdes ou à des plans ou combinaisons de finance.

Donc, en vous adressant à un Mandataire sérieux, vous êtes certains d'obtenir votre brevet et pouvez dès le jour du dépôt jouir de tous les droits afférents à la qualité de Breveté.

Le Breveté n'est aucunement forcé d'apposer sur les objets brevetés la mention : « Breveté », mais s'il veut le faire, et cela est toujours préférable, il doit faire suivre le mot Breveté des lettres S. G. D. G. qui signifient : « sans garantie du Gouvernement », et cela sous peine d'une amende de 50 à 1.000 francs. La mention à apposer est donc : « Breveté s. g. d. g. »

Les descriptions, dessins, requête, etc., doivent être rédigés, écrits et dessinés sur un papier de format particulier et selon des formules administratives très compliquées. Pour éviter de se voir refuser son Brevet et perdre ainsi du temps et de l'argent, il est toujours préférable de s'adresser à un Mandataire qui (pour une somme moindre que les frais supplémentaires que vos erreurs forcées entraîneront) déposera de suite un Brevet établi selon toutes les exigences de la Loi et des règlements. C'est du temps et de l'argent gagnés.

De plus, pour la confection et la rédaction des pièces, de la description et des revendications, il est absolument nécessaire d'avoir recours à un Mandataire consciencieux et capable.

C'est une grave erreur de croire qu'il est possible et facile de déposer un Brevet d'Invention, même de rédiger une Légende pour un Dépôt de Modèle ; ici, plus qu'ailleurs, il faut un Praticien, un Mandataire sérieux et connaissant à fond la Loi et la Jurisprudence en ces matières.

Nous connaissons beaucoup d'Inventeurs qui ont perdu leurs Procès et leurs Inventions par suite de l'insuffisance de leur description, ou défaut contraire, par suite de l'abondance de leur description et de leurs revendications. Un Brevet ne doit comprendre qu'une Invention et la bien décrire. C'est un peu le défaut de tous les Inventeurs livrés à eux-mêmes de vouloir comprendre en un Brevet tous les procédés, tous les modes opératoires qui se présentent à leur esprit pour l'obtention d'un seul résultat, ou bien d'essayer de cacher tel ou tel point essentiel, etc., etc., etc., et ainsi d'introduire dans leur titre un vice, un défaut grave qui, un jour ou l'autre, doit fatalement entraîner sa fin, s'il vient à être discuté sérieusement.

Nous ne pouvons ici nous étendre plus longuement sur cette Loi, nous sommes à la disposition de tous ceux de nos Clients qui voudront bien nous demander de leur expliquer ou de leur interpréter tel ou tel point obscur.

**AVIS TRÈS IMPORTANT.** — Quelques Inventeurs, trop nombreux, se figurent que le dépôt d'un dessin ou modèle peut garantir une Invention, et journellement nous en voyons qui ont ainsi perdu tout le fruit de leurs travaux en invoquant à tort une loi qui ne peut leur être appliquée. La Loi sur les Brevets protège toutes les applications nouvelles, toutes les combinaisons de moyens, d'organes, etc., permettant l'obtention d'un résultat industriel ou de produits nouveaux ; la Loi sur les dessins ou modèles ne peut protéger que des formes, des combinaisons de lignes et de couleurs, ce qui est totalement différent. Un dépôt effectué avant un Brevet annule ledit brevet. Il faut donc, s'il y a hésitation, consulter un Conseil sérieux et compétent afin de savoir si l'Invention peut être protégée par un Brevet ou par un Dépôt de Modèle ou parfois par les deux. (Pour de plus amples explications demander la Brochure sur la Loi des Modèles et Dessins, qui vous sera envoyée gratuitement.)

### Tarifs peu élevés ou exagérés

Les inventeurs se trouvent souvent en présence de tarifs où les prix sont d'un bon marché extraordinaire et d'autres d'une cherté excessive pour le même objet. C'est à eux à nous demander franchement le pourquoi de ces différences. Nous le leur expliquerons loyalement. Ces explications ont toujours tourné à notre avantage mutuel, et ils s'éviteront ainsi des surprises douloureuses et coûteuses.

## MARQUES DE FABRIQUE

(Loi du 23 juin 1857 modifiée par la loi du 3 mai 1890)

Nous nous occupons du dépôt des Marques de Fabrique en France et à l'Étranger.

La Marque de Fabrique devant être déposée au Greffe du Tribunal de Commerce de la Résidence du Déposant, nous ne pouvons déposer que les Marques des Industriels résidant dans le département de la Seine ou y ayant leur Établissement principal, et en certains cas ceux résidant en Seine-et-Oise (avec un supplément de 10 francs pour ce cas particulier).

Pour obtenir une Marque de Fabrique, il suffit de nous adresser :

Le nom choisi ou le Dessin que l'on désire garantir ;

Un pouvoir sur papier timbré ;

Les nom, prénoms, adresse exacte, profession et nationalité du déposant ;

La liste des Articles sur lesquels la marque devra être apposée ou qu'elle servira à désigner.

Le prix pour le dépôt d'une Marque pour 15 ans est de *Fr. : 35* (tous frais compris, confection du cliché, des épreuves, taxe pour 15 ans, etc.).

Pour plusieurs marques déposées simultanément, le prix est très abaissé.

Nous nous chargeons de la confection des dessins pour marques, selon un prix à débattre.

Pour la Province nous nous chargeons de la préparation des pièces prêtes à déposer : épreuves, pièces en triple exemplaire, etc.

Il suffit de nous fournir le nom ou le dessin de la Marque; les frais sont de : *20 francs.*

## Dépôt international d'une Marque de fabrique

Vu la concurrence étrangère de plus en plus grande et le pillage des Marques françaises à l'Etranger, il devient de plus en plus nécessaire de se garantir contre ces éventualités en effectuant le dépôt de ses Marques à l'Etranger.

Il existe un moyen très pratique et très peu coûteux : Le Dépôt International.

A la suite d'une entente entre la France, la Belgique, la Tunisie, la Suisse, l'Italie, la Hollande, l'Espagne, le Portugal, l'Autriche, la Hongrie, le Brésil, le Mexique, Cuba et Panama, on se trouve garanti dans tous ces pays par un seul dépôt effectué (après le dépôt français obligatoire) à Berne, au Bureau International.

Les frais pour un Dépôt d'une Marque pour toute la durée de 15 ans sont de *Fr. : 190* tout compris.

Pour plusieurs Marques déposées simultanément : prix réduits.

Pour les autres pays non adhérents, les frais d'une Marque sont les suivants :

| | | |
|---|---|---|
| *Angleterre :* 14 ans . . . . . . . . . . | Fr. : | 125 |
| *Allemagne :* 10 ans . . . . . . . . . . | » | 120 |
| *Danemark :* 10 ans . . . . . . . . . . | » | 130 |

| | | |
|---|---|---|
| *Etats-Unis :* 15 ans . . . . . . . . . . | Fr. : | 350 |
| *Grèce :* 10 ans . . . . . . . . . . . . | » | 250 |
| *Luxembourg :* 10 ans . . . . . . . . . | » | 60 |
| *Norvège :* 10 ans . . . . . . . . . . . | » | 130 |
| *Russie :* 10 ans . . . . . . . . . . . . | » | 250 |
| *Suède :* 10 ans . . . . . . . . . . . . | » | 130 |
| *République Argentine :* 10 ans . . . . | » | 375 |
| *Brésil :* 15 ans . . . . . . . . . . . . | » | 325 |

Pour les autres pays, prix sur demande.

Il faut bien se rappeler que dans certains pays, comme la Bulgarie, le Brésil, la République Argentine, le Japon, etc., le dépôt de la Marque est attributif de la propriété, et que, par suite, n'importe quel déposant peut dépouiller de sa Marque un Industriel exportant dans ces pays depuis longtemps, et qui a négligé d'y déposer sa marque. Il se trouve ainsi dépouillé légalement de sa propriété et devient Contrefacteur de sa propre marque !!!

Il est donc de l'intérêt de tout exportateur de déposer sa Marque dès qu'elle pénètre dans ces pays et commence à y être connue, s'il ne veut être dépouillé et sans aucun recours.

## Recherches des Marques

Avant la création d'une Marque et son adoption, ou lors de poursuites en Contrefaçon, il est utile de chercher si une marque similaire n'a pas déjà été déposée.

Les frais de recherche pour une Marque dans les 15 dernières années sont de Fr. : 15 en général dans la plupart des Classes. Toutefois, dans les Classes comportant une énorme quantité de marques : Vins, Produits Alimentaires, Pharmacie, etc., les prix sont faits sur demande.

Pour la recherche de plusieurs noms à la fois, le prix est réduit.

Le dépôt des Marques étant en France facultatif, la recherche opérée ne peut donner qu'une présomption de non-existence et non une certitude ; toutefois elle est toujours nécessaire, les marques non déposées étant en général la minorité et de peu de valeur.

## Quelques conseils aux créateurs et possesseurs de marques

La Propriété d'une *marque* de Fabrique s'acquiert par l'Usage, c'est donc le premier occupant, s'il peut en faire la preuve, qui est le légitime propriétaire. Le dépôt n'est donc que déclaratif de propriété et n'est pas exigé pour créer cette propriété.

Toutefois il serait imprudent de ne pas l'effectuer, la meilleure preuve de la possession d'une Marque et la plus facile à administrer, celle réellement indiscutable, c'est le dépôt officiel; de plus, en cas de poursuites à intenter, ce dépôt est nécessaire pour agir, on doit donc toujours effectuer le dépôt de la marque au moment de son lancement.

La marque peut être un nom, des initiales, un emblème, un dessin quelconque, un portrait, un emballage, un flacon, une boîte de forme particulière, la forme même du produit, une combinaison de couleurs, tout signe quel qu'il soit.

La Contrefaçon des Marques s'appréciant non par les différences, mais par les ressemblances, il faut bien se garder d'essayer d'imiter l'aspect général d'une autre étiquette avec quelques changements insignifiants, de rechercher des mots ayant même consonance ou même terminaison que ceux déjà usités, etc. Tout cela peut amener, sans qu'on le veuille, à la Contrefaçon, et il est préférable, avant de créer une Marque, de nous la soumettre, afin que nous la comparions avec les Marques déjà existantes, et ainsi éviter tout ce qui pourrait donner lieu à des contestations.

---

# DESSINS ET MODÈLES INDUSTRIELS

(Loi du 14 juillet 1909)

Cette nouvelle Loi protège : « Tout Dessin nouveau, toute forme plastique nouvelle, tout objet industriel qui se différencie de ses similaires, soit par une configuration distincte et reconnaissable lui conférant un caractère de nouveauté, soit par un ou plusieurs effets extérieurs lui donnant une physionomie propre et nouvelle.

« Mais si le même objet peut être considéré à la fois comme un dessin ou modèle nouveau et comme une invention brevetable, et si les éléments constitutifs de la nouveauté du dessin ou modèle sont inséparables de ceux de l'Invention, le dit objet ne peut être protégé que conformément à la Loi du 5 juillet 1844 (Brevets d'Invention). »

Donc il doit être bien entendu que cette Loi ne protège que les objets et articles nouveaux dont la forme, la couleur, le relief, l'aspect extérieur, sont *les seuls éléments de nouveauté.* La Loi ne prend en considération que les caractères extérieurs.

Mais s'il y a doute, et nous ne saurions trop attirer l'attention des Inventeurs sur ce point délicat, si la forme est inséparable de l'Invention, s'il y a résultat industriel, ici avant de rien faire, il faut consulter un Conseil compétent qui verra s'il y a lieu à Dépôt de Modèle seul ou à Brevet seul ou aux deux garanties combinées.

Pour de plus amples explications sur ce point délicat, demander ma petite brochure sur cette nouvelle Loi. Elle vous sera envoyée gratuitement.

Le dépôt est facultatif, mais le premier déposant est présumé être l'Inventeur.

On ne peut poursuivre la contrefaçon sans dépôt, ni demander de dommages-intérêts sans publication dudit.

La preuve la plus sûre et la meilleure étant le dépôt, il sera toujours préférable de l'effectuer avant tout lancement, quitte à ne demander la publicité que par la suite, si l'article réussit.

Les dépôts étant maintenant prolongeables, mieux vaut déposer de suite pour la durée la plus courte; on ne renouvelle au bout des cinq premières années que les dépôts qui en valent la peine.

Bien se rappeler qu'un dépôt de modèle peut annuler un Brevet, et par suite ne pas effectuer de dépôt de modèle pour des articles brevetables, en se disant que plus tard, si l'article plaît, on déposera un brevet, c'est un calcul absolument faux et qui a ruiné beaucoup de petits inventeurs.

Les Dépôts de Modèles devant, pour être valables, être effectués au Secrétariat du Conseil des Prud'hommes de la Résidence de l'Inventeur, nous ne pouvons nous charger de déposer que les dépôts de nos Clients résidant dans le Département de la Seine ou y ayant leur Etablissement principal.

Pour les dépôts venant de Province, nous pouvons rédiger les Légendes à insérer dans les Boîtes, et cela à un prix très réduit, mais variable selon chaque dépôt.

Le Dépôt peut être effectué pour 50 ans, divisible en trois périodes :

La première de 5 ans.

La deuxième de 20 ans (le dépôt peut, au choix, rester secret ou être rendu public pendant ces deux premières périodes).

La troisième de 25 ans.

Les frais d'un Dépôt sous forme secrète pour 5 ans sont de Fr. : 12.

Les frais d'un dépôt sous forme secrète pour 25 ans (prolongation du dépôt de 5 ans) sont de Fr. : 25.

Le frais de publication d'un dépôt secret sont de Fr. : 35.

Les frais d'un dépôt effectué de suite pour 25 ans, avec publication, sont de Fr. : 55.

Prolongation à 50 ans (d'un dépôt public) Fr. : 75.

Prolongation à 50 ans (d'un dépôt secret) Fr. : 100.

Pour plusieurs dépôts simultanés, prix très réduits.

## Dépôts à l'étranger de dessins et modèles

Nous nous chargeons des dépôts à l'Etranger de tous Dessins ou Modèles et envoyons sur demande les prix et pouvoirs utiles.

## Pièces à fournir pour un dépôt de modèle en France

Deux échantillons absolument semblables du modèle à garantir, ou, si le modèle est coûteux, deux Dessins ou deux photographies représentant bien l'objet et ses caractéristiques.

Un pouvoir sur papier libre.

# LOI DU 5 JUILLET 1844

## Modifiée par les lois des 31 mai 1856 et 7 avril 1902

### TITRE I

#### Dispositions générales

Art. 1. — Toute nouvelle découverte ou invention dans tous les genres d'industrie confère à son auteur, sous les conditions et pour le temps ci-après déterminés, le droit exclusif d'exploiter à son profit la dite découverte ou invention.

Ce droit est constaté par des titres, délivrés par le gouvernement, sous le nom de Brevets d'Invention.

Art. 2. — Seront considérées comme inventions ou découvertes nouvelles :

L'invention de nouveaux produits industriels ;

L'invention de nouveaux moyens ou l'application nouvelle de moyens connus, pour l'obtention d'un résultat ou d'un produit industriel.

Art. 3. — Ne sont pas susceptibles d'être brevetés :

1° Les compositions pharmaceutiques ou remèdes de toute espèce, les dits objets demeurant soumis aux lois et règlements spéciaux sur la matière et notamment au décret du 18 août 1810, relatifs aux remèdes secrets ;

2° Les plans ou combinaisons de crédit ou de finances.

Art. 4. — La durée des brevets sera de cinq, dix ou quinze années.

Chaque brevet donnera lieu au paiement d'une taxe, qui est fixée ainsi qu'il suit :

500 francs pour un brevet de cinq ans ;

1.000 francs pour un brevet de dix ans ;

1.500 francs pour un brevet de quinze ans.

Cette taxe sera payée par annuités de 100 francs, sous peine de déchéance, si le breveté laisse écouler un terme sans l'acquitter.

## TITRE II

## Des formalités relatives à la délivrance des Brevets

### *Section I.* — DES DEMANDES DE BREVETS

ART. 5. — Quiconque voudra prendre un brevet d'invention devra déposer, sous cachet, au secrétariat de la préfecture, dans le département où il est domicilié, ou dans tout autre département, en y élisant domicile :

1° Sa demande au ministre de l'Agriculture et du Commerce ;

2° Une description de la découverte, invention ou application faisant l'objet du brevet demandé ;

3° Les dessins ou échantillons qui seraient nécessaires pour l'intelligence de la description ;

Et 4° un bordereau des pièces déposées.

ART. 6. — La demande sera limitée à un seul objet principal, avec les objets de détail qui le constituent et les applications qui auront été indiquées.

Elle mentionnera la durée que les demandeurs entendent assigner à leur brevet dans les limites fixées par l'article 4, et ne contiendra, ni restrictions, ni conditions, ni réserves.

Elle indiquera un titre, renfermant la désignation sommaire et précise de l'objet de l'invention.

La description ne pourra être écrite en langue étrangère. Elle devra être sans altérations ni surcharges. Les mots rayés comme nuls seront comptés et constatés, les pages et les renvois paraphés. Elle ne devra contenir aucune dénomination de poids ou de mesures autres que celles qui sont portées au tableau annexé à la loi du 4 juillet 1837.

Les dessins seront tracés à l'encre et d'après une échelle métrique.

Un duplicata de la description et des dessins sera joint à la demande.

Toutes les pièces seront signées par le demandeur ou par un mandataire, dont le pouvoir restera annexé à la demande.

Art. 7. — Aucun dépôt ne sera reçu que sur la production d'un récépissé constatant le versement d'une somme de 100 francs à valoir sur le montant de la taxe du brevet.

Un procès-verbal, dressé sans frais par le secrétaire général de la préfecture, sur un registre à ce destiné, et signé par le demandeur, constatera chaque dépôt, en énonçant le jour et l'heure de la remise des pièces.

Une expédition dudit procès-verbal sera transmise au déposant, moyennant le remboursement des frais de timbre.

Art. 8. — La durée du brevet courra du jour du dépôt prescrit par l'article 5.

## *Section II.* — De la délivrance des brevets

Art. 9. — Aussitôt après l'enregistrement de la demande, et dans les cinq jours de la date du dépôt, les préfets transmettront les pièces, sous le cachet de l'inventeur, au ministre de l'Agriculture et du Commerce, en y joignant une copie certifiée du procès-verbal de dépôt, le récépissé constatant le versement de la taxe et, s'il y a lieu, le pouvoir mentionné dans l'article 6.

Art. 10. — A l'arrivée des pièces au ministère de l'Agriculture et du Commerce, il sera procédé, à l'ouverture, à l'enregistrement des demandes et à l'expédition des brevets dans l'ordre de la réception des dites demandes.

Art. 11. — Les brevets dont la demande aura été régulièrement formée seront délivrés sans examen préalable, aux risques et périls des demandeurs et sans garantie, soit de la réalité, de la nouveauté ou du mérite de l'invention, soit de la fidélité ou de l'exactitude de la description.

Un arrêté du ministre, constatant la régularité de la demande, sera délivré au demandeur et constituera le brevet d'invention.

A cet arrêté sera joint un exemplaire imprimé de la description et des dessins mentionnés dans l'article 24, après que la conformité avec l'expédition originale en aura été reconnue et établie au besoin.

La première expédition des brevets sera délivrée sans frais.

Toute expédition ultérieure, demandée par le breveté ou ses ayants cause, donnera lieu au paiement d'une taxe de 25 francs.

Les frais de dessin, s'il y a lieu, demeureront à la charge de l'impétrant.

La délivrance n'aura lieu qu'un an après le jour du dépôt de la demande, si ladite demande renferme une réquisition expresse à cet effet.

Le bénéfice de la disposition qui précède ne pourra être réclamé par ceux qui auraient déjà profité des délais de priorité accordés par des traités de réciprocité, notamment par l'article 4 de la convention internationale pour la protection de la propriété industrielle du 20 mars 1883.

Art. 12. — Toute demande dans laquelle n'auraient pas été observées les formalités prescrites par les numéros 2 et 3 de l'article 5 et par l'article 6 sera rejetée.

La moitié de la somme versée sera acquise au Trésor, mais il sera tenu compte de la totalité de cette somme au demandeur, s'il reproduit sa demande dans un délai de trois mois, à compter de la date de la notification du rejet de sa requête.

Art. 13. — Lorsque, par application de l'article 3, il n'y aura pas lieu de délivrer un brevet, la taxe sera restituée.

Art. 14. — Une ordonnance royale, insérée au *Bulletin des Lois*, proclamera, tous les trois mois, les brevets délivrés.

Art. 15. — La durée des brevets ne pourra être prolongée que par une loi.

### *Section III.* — Des certificats d'addition

Art. 16. — Le breveté ou les ayants droit au brevet auront, pendant toute la durée du brevet, le droit d'apporter à l'invention des changements, perfectionnements ou additions, en remplissant, pour le dépôt de la demande, les formalités déterminées par les articles 5, 6 et 7.

Ces changements, perfectionnements ou additions seront constatés par des certificats, délivrés dans la même forme que le brevet principal, et qui produiront, à partir des dates respectives des demandes et de leurs expéditions, les mêmes effets que le dit brevet principal, avec lequel ils prendront fin.

Chaque demande de certificat d'addition donnera lieu au paiement d'une taxe de 20 francs.

Les certificats d'addition, pris par un des ayants droit, profiteront à tous les autres.

Art. 17. — Tout breveté qui, pour un changement, perfectionnement ou addition, voudra prendre un brevet principal de cinq, dix ou quinze années, au lieu d'un certificat d'addition expirant avec le brevet primitif, devra remplir les formalités prescrites par les articles 5, 6 et 7, et acquitter la taxe mentionnée dans l'article 4.

Art. 18. — Nul autre que le breveté ou ses ayants droit, agissant, comme il est dit ci-dessus, ne pourra, pendant une année, prendre valablement un brevet pour un changement, perfectionnement ou addition à l'invention qui fait l'objet du brevet primitif.

Néanmoins, toute personne qui voudra prendre un brevet pour changement, addition ou perfectionnement à une découverte déjà brevetée, pourra, dans le cours de la dite année, former une demande, qui sera transmise et restera déposée sous cachet au ministère de l'Agriculture et du Commerce.

L'année expirée, le cachet sera brisé et le brevet délivré.

Toutefois, le brevet principal aura la préférence pour les changements, perfectionnements ou additions pour lesquels il aurait lui-même, pendant l'année, demandé un certificat d'addition ou un brevet.

Art. 19. — Quiconque aura pris un brevet pour une découverte, invention ou application se rattachant à l'objet d'un autre brevet, n'aura aucun droit d'exploiter l'invention déjà brevetée, et, réciproquement, le titulaire du brevet primitif ne pourra exploiter l'invention, objet du nouveau brevet.

## *Section IV.* — De la transmission et de la cession des brevets

Art. 20. — Tout breveté pourra céder la totalité ou partie de la propriété de son brevet.

La cession totale ou partielle d'un brevet, soit à titre gratuit, soit à titre onéreux, ne pourra être faite que par acte notarié et après le paiement de la totalité de la taxe déterminée par l'article 4.

Aucune cession ne sera valable, à l'égard des tiers, qu'après avoir été enregistrée au secrétariat de la préfecture du département dans lequel l'acte aura été passé.

L'enregistrement des cessions, et de tous autres actes emportant mutation, sera fait sur la production et le dépôt d'un extrait authentique de l'acte de cession ou de mutation.

Une expédition de chaque procès-verbal d'enregistrement accompagnée de l'extrait de l'acte ci-dessus mentionné sera transmise par les préfets au ministre de l'Agriculture et du Commerce, dans les cinq jours de la date du procès-verbal.

Art. 21. — Il sera tenu, au ministère de l'Agriculture et du Commerce, un registre sur lequel seront inscrites les mutations intervenues sur chaque brevet, et tous les trois mois une ordonnance royale proclamera, dans la forme déterminée par l'article 14, les mutations enregistrées pendant le trimestre expiré.

Art. 22. — Les cessionnaires d'un brevet et ceux qui auront acquis d'un breveté ou de ses ayants-droit la faculté d'exploiter la découverte ou l'invention, profiteront, de plein droit, des certificats d'addition qui seront ultérieurement délivrés au breveté ou à ses ayants droit. Réciproquement le breveté ou ses ayants droit profiteront des certificats d'addition qui seront ultérieurement délivrés aux cessionnaires.

Tous ceux qui auront droit de profiter des certificats d'addition pourront en lever une expédition au ministère de l'Agriculture et du Commerce moyennant un droit de 20 francs.

### *Section V.* — De la communication et de la publication des descriptions et des dessins de brevet

Art. 23. — Les descriptions, dessins, échantillons et modèles des brevets délivrés resteront, jusqu'à l'expiration des brevets, déposés au ministère de l'Agriculture et du Commerce, où ils seront communiqués sans frais à toute réquisition.

Toute personne pourra obtenir, à ses frais, copie des dites descriptions et dessins, suivant les formes qui seront déterminées dans le règlement rendu en exécution de l'article 50.

Art. 24. — Les descriptions et dessins de tous les brevets d'invention et certificats d'addition seront publiés *in extenso* par fascicules séparés dans leur ordre d'enregistrement.

Cette publication, relativement aux descriptions et dessins des brevets pour la délivrance desquels aura été requis le délai d'un an prévu par l'article 11, n'aura lieu qu'après l'expiration de ce délai.

Il sera, en outre, publié un catalogue des brevets d'invention délivrés.

Un arrêté du ministre du Commerce et de l'Industrie déterminera : 1° les conditions de forme, dimensions et rédaction que devront présenter les descriptions et dessins ainsi que les prix de vente des fascicules imprimés et les conditions de publication du catalogue ; 2° les conditions à remplir par ceux qui, ayant déposé une demande de brevet en France et désirant déposer à l'étranger des demandes analogues avant la délivrance du brevet français, voudront obtenir une copie officielle des documents afférents à leur demande en France. Toute expédition de cette nature donnera lieu au paiement d'une taxe de 25 francs ; les frais de dessin, s'il y a lieu, seront à la charge de l'impétrant.

Seront publiés, conformément aux prescriptions du présent article, les descriptions et les dessins des brevets d'invention et certificats d'addition qui auront été demandés depuis le 1er janvier 1902.

Art. 25. — Le recueil des descriptions et dessins et le catalogue publiés en exécution de l'article précédent seront déposés au ministère de l'Agriculture et du Commerce et au secrétariat de la préfecture de chaque département, où ils pourront être consultés sans frais.

Art. 26. — A l'expiration des brevets, les originaux des descriptions et dessins seront déposés au Conservatoire royal des Arts et Métiers.

## TITRE III

### Des droits des étrangers

Art. 27. — Les étrangers pourront obtenir en France des brevets d'invention.

Art. 28. — Les formalités et conditions déterminées par la présente loi seront applicables aux brevets demandés ou délivrés en exécution de l'article précédent.

Art. 29. — L'auteur d'une invention ou découverte déjà brevetée à l'étranger pourra obtenir un brevet en France ; mais la durée de ce brevet ne pourra excéder celle des brevets antérieurement pris à l'étranger.

## TITRE IV

### Des nullités et déchéances et des actions y relatives

#### *Section I.* — Des nullités et déchéances

Art. 30. — Seront nuls, et de nul effet, les brevets délivrés dans les cas suivants, savoir :

1° Si la découverte, invention ou application n'est pas nouvelle ;

2° Si la découverte, invention ou application n'est pas, aux termes de l'article 3, susceptible d'être brevetée ;

3° Si les brevets portent sur des principes, méthodes, systèmes, découvertes et conceptions théoriques ou purement scientifiques, dont on n'a pas indiqué les applications industrielles ;

4° Si la découverte, invention ou application est reconnue

contraire à l'ordre ou à la sécurité publique, aux bonnes mœurs ou aux lois du royaume, sans préjudice, dans ce cas et dans celui du paragraphe précédent, des peines qui pourraient être encourues pour la fabrication ou le débit d'objets prohibés ;

5° Si le titre sous lequel le brevet a été demandé indique frauduleusement un objet autre que le véritable objet de l'invention ;

6° Si la description jointe au brevet n'est pas suffisante pour l'exécution de l'invention, ou si elle n'indique pas d'une manière complète et loyale les véritables moyens de l'inventeur ;

7° Si le brevet a été obtenu contrairement aux dispositions de l'article 18.

Seront également nuls, ou de nul effet, les certificats comprenant des changements, perfectionnements ou additions qui ne se rattacheraient pas au brevet principal.

Art. 31. — Ne sera pas réputée nouvelle toute découverte, invention ou application qui, en France ou à l'étranger, et antérieurement à la date du dépôt de la demande, aura reçu une publicité suffisante pour pouvoir être exécutée.

Art. 32. — Sera déchu de tous ses droits :

1° Le breveté qui n'aura pas acquitté son annuité avant le commencement de chacune des années de la durée de son brevet.

L'intéressé aura toutefois un délai de trois mois au plus pour effectuer valablement le paiement de son annuité, mais il devra verser en outre une taxe supplémentaire de 5 francs s'il effectue le paiement dans le premier mois, de 10 francs s'il effectue le paiement dans le second mois, et de 15 francs s'il effectue le paiement dans le troisième mois.

Cette taxe supplémentaire devra être acquittée en même temps que l'annuité en retard ;

2° Le breveté qui n'aura pas mis en exploitation sa découverte ou invention en France, dans le délai de deux ans, à dater du jour de la signature du brevet, ou qui aura cessé de l'exploiter pendant deux années consécutives, à moins que, dans l'un ou l'autre cas, il ne justifie des causes de son inaction (ce délai a été porté à trois ans par la loi du 1er juillet 1906) ;

3° Le breveté qui aura introduit en France des objets fabriqués en pays étranger et semblables à ceux qui sont garantis par son brevet.

Néanmoins, le ministre du Commerce et de l'Industrie pourra autoriser l'introduction :

1° Des modèles de machines ;

2° Des objets fabriqués à l'étranger destinés à des expositions publiques ou à des essais faits avec l'assentiment du Gouvernement.

Art. 33. — Quiconque, dans des enseignes, annonces, prospectus, affiches, marques ou estampilles, prendra la qualité de breveté sans posséder un brevet délivré conformément aux lois, ou après l'expiration d'un brevet antérieur ; ou qui, étant breveté, mentionnera sa qualité ou son brevet sans y ajouter ces mots : « Sans garantie du Gouvernement », sera puni d'une amende de 50 à 1.000 francs.

En cas de récidive. l'amende pourra être portée au double.

### *Section II.* — Des actions en nullité et en déchéance

Art. 34. — L'action en nullité et l'action en déchéance pourront être exercées par toute personne y ayant intérêt.

Ces actions, ainsi que toutes contestations relatives à la propriété des brevets, seront portées devant les tribunaux civils de première instance.

Art. 35. — Si la demande est dirigée en même emps contre le titulaire du brevet et contre un ou plusieurs cessionnaires partiels, elle sera portée devant le tribunal du domicile du titulaire du brevet.

Art. 36. — L'affaire sera instruite et jugée dans la forme prescrite pour les matières sommaires par les articles 405 et suivants du Code de procédure civile. Elle sera communiquée au procureur du Roi.

Art. 37. — Dans toute instance tendant à faire prononcer la nullité ou la déchéance d'un brevet, le ministère public pourra se rendre partie intervenante et prendre des réquisitions pour faire prononcer la nullité ou la déchéance absolue du brevet.

Il pourra même se pourvoir directement par action principale pour faire prononcer la nullité, dans les cas prévus aux nos 2, 4 et 5 de l'article 30.

ART. 38. — Dans les cas prévus par l'article 37, tous les ayants droit au brevet dont les titres auront été enregistrés au ministère de l'Agriculture et du Commerce conformément à l'article 21, devront être mis en cause.

ART. 39. — Lorsque la nullité ou la déchéance absolue d'un brevet aura été prononcée par jugement ou arrêt ayant acquis force de chose jugée, il en sera donné avis au ministre de l'Agriculture et du Commerce, et la nullité ou la déchéance sera publiée dans la forme déterminée par l'article 14 pour la proclamation des brevets.

## TITRE V

### De la contrefaçon, des poursuites et des peines

ART. 40. — Toute atteinte portée aux droits du breveté, soit par la fabrication des produits, soit par l'emploi des moyens faisant l'objet de son brevet, constitue le délit de contrefaçon.

Ce délit sera puni d'une amende de 100 à 2.000 francs.

ART. 41. — Ceux qui auront sciemment recélé, vendu ou exposé en vente, ou introduit sur le territoire français un ou plusieurs objets contrefaits, seront punis des mêmes peines que les contrefacteurs.

ART. 42. — Les peines établies par la présente loi ne pourront être cumulées.

La peine la plus forte sera seule prononcée pour tous les faits antérieurs au premier acte de poursuite.

ART. 43. — Dans le cas de récidive, il sera prononcé, outre l'amende portée aux articles 40 et 41, un emprisonnement d'un mois à six mois.

Il y a récidive lorsqu'il a été rendu contre le prévenu, dans les cinq années antérieures, une première condamnation pour un des délits prévus par la présente loi.

Un emprisonnement d'un mois à six mois pourra aussi être prononcé si le contrefacteur est un ouvrier ou un employé ayant travaillé dans les ateliers ou dans l'établissement du breveté, ou si le contrefacteur, s'étant associé avec un ouvrier ou un employé du breveté, a eu connaissance, par ce dernier, des procédés décrits au brevet.

Dans ce dernier cas, l'ouvrier ou l'employé pourra être poursuivi comme complice.

Art. 44. — L'article 463 du Code pénal pourra être appliqué aux délits prévus par les dispositions qui précèdent.

Art. 45. — L'action correctionnelle, pour l'application des peines ci-dessus, ne pourra être exercée par le ministère public que sur la plainte de la partie lésée.

Art. 46. — Le tribunal correctionnel, saisi d'une action pour délit de contrefaçon, statuera sur les exceptions qui seraient tirées par le prévenu, soit de la nullité ou de la déchéance du brevet, soit des questions relatives à la propriété dudit brevet.

Art. 47. — Les propriétaires de brevets pourront, en vertu d'une ordonnance du président du tribunal de première instance, faire procéder, par tous huissiers, à la désignation et description détaillées, avec ou sans saisies des objets prétendus contrefaits.

L'ordonnance sera rendue sur simple requête, et sur la représentation du brevet; elle contiendra, s'il y a lieu, la nomination d'un expert pour aider l'huissier dans sa description.

Lorsqu'il y aura lieu à la saisie, ladite ordonnance pourra imposer au requérant un cautionnement qu'il sera tenu de consigner avant d'y faire procéder.

Le cautionnement sera toujours imposé à l'étranger breveté qui requerra la saisie.

Il sera laissé copie au détenteur des objets décrits ou saisis, tant de l'ordonnance que de l'acte constatant le dépôt du cautionnement, le cas échéant; le tout, à peine de nullité et de dommages-intérêts contre l'huissier.

Art. 48. — A défaut, par le requérant, de s'être prévu, soit par la voie civile, soit par la voie correctionnelle, dans le délai de huitaine, outre un jour par trois myriamètres de distance entre le lieu où se trouvent les objets saisis ou décrits, et le domicile du contrefacteur, recéleur, introducteur ou débitant, la saisie ou description sera nulle de plein droit sans préjudice des dommages-intérêts qui pourront être réclamés, s'il y a lieu, dans la forme prescrite par l'article 36.

Art. 49. — La confiscation des objets reconnus contrefaits, et, le cas échéant, celle des instruments ou ustensiles destinés spécialement à leur fabrication, seront, même en cas d'acquittement, prononcées contre le contrefacteur, le recéleur, l'introducteur ou le débitant.

Les objets confisqués seront remis au propriétaire du brevet sans préjudice de plus amples dommages-intérêts et de l'affiche du jugement, s'il y a lieu.

## TITRE VI

### Dispositions particulières et transitoires

Art. 50. — Des ordonnances royales, portant règlement d'administration publique, arrêteront les dispositions nécessaires pour l'exécution de la présente loi, qui n'aura effet que trois mois après sa promulgation.

Art. 51. — Des ordonnances rendues dans la même forme pourront régler l'application de la présente loi dans les colonies, avec les modifications qui seront jugées nécessaires.

Art. 52. — Seront abrogés, à compter du jour où la présente loi sera devenue exécutoire, les lois des 7 janvier et 25 mai 1791, celle du 20 septembre 1792, l'arrêté du 17 vendémiaire an VII, l'arrêté du 5 vendémiaire an IX, les décrets des 25 novembre 1806 et 25 janvier 1807, et toutes les dispositions antérieures à la présente loi, relatives aux brevets d'invention, d'importation et de perfectionnement.

Art. 53. — Les brevets d'invention, d'importation et de perfectionnement actuellement en exercice, délivrés conformément aux lois antérieures à la présente, ou prorogés par ordonnance royale, conserveront leur effet pendant tout le temps qui aura été assigné à leur durée.

Art. 54. — Les procédures commencées avant la promulgation de la présente loi seront mises à fin conformément aux lois antérieures.

Toute action, soit en contrefaçon, soit en nullité ou déchéance de brevet, non encore intentée, sera suivie conformément aux dispositions de la présente loi, alors même qu'il s'agirait de brevets délivrés antérieurement.



---

IMP. DE MONTLIGEON (ORNE). — 6761-7-14.

IMPRIMERIE DE MONTLIGEON (ORNE)

www.ingramcontent.com/pod-product-compliance
Lightning Source LLC
LaVergne TN
LVHW020306230826
846091LV00006B/2562

*9782013282970*